1ª edición: noviembre, 2004
4ª edición: mayo, 2006

Diseño de colección y portada: Borja Goitia
Fotografía: Juantxo Egaña
Estilismo: Cabeza de Lobo (Mariu Emilas)
Maquetación: Ainhoa Lukas
Edición corregida por Maite Puignau

Portuetxe kalea, 88 bis
20018 Donostia
Tel: 943 31 02 67
Fax: 943 31 02 16
ttarttalo@ttarttalo.com

ISBN: 84-8091-954-X
Deposito Legal: SS-0473/06

Impreso en Leitzaran Grafikak S. L. Martin Ugalde Kultur Parkea. Andoain (Gipuzkoa)

COCINA VEGETARIANA CASERA

KARMEN SOBEJANO

TTARTTALO
cocina

A la gente de Iruñea que con su trabajo creó el comedor popular del Euskal Jai.
Y a los amigos y amigas que lo apoyaron.

Somos Tierra que camina

"Otro mundo es posible" y parte depende de ti. Los mapuches dicen que somos "Tierra que camina": una fotocopia de la tierra de donde provienen nuestros alimentos. La compra de cada día es como unas elecciones cotidianas. Cuando compras carne de animales hacinados en enormes establos, alimentados artificialmente con cereal monocultivado con abonos químicos y pesticidas, tratado con hormonas y antibióticos... estás votando a favor del desastre ecológico, de la emigración de los campesinos a las grandes ciudades, del hambre y de la poca salud. Cuando compras alimentos del lugar, cultivados con cariño, sin abonos químicos ni pesticidas, estás votando a favor del aumento de la producción ecológica, respetuosa con la tierra que nos legaron nuestros antepasados y con las generaciones futuras.

Vía Campesina, movimiento internacional de organizaciones campesinas, está luchando por el derecho de los pueblos a la Soberanía Alimenticia, para que se dé prioridad a la producción agrícola local para alimentar a su población, para que campesinas y campesinos tengan derecho a producir los alimentos y que los consumidores tengan el derecho de poder decidir lo que quieren consumir.

En 1986 se fundó en Italia el Movimiento por la Comida Lenta, para luchar contra la uniformidad alimentaria que propone la "comida rápida" y contra la tiranía de la hamburguesa industrial. Trata de favorecer la producción alimentaria artesanal, sana y sostenible, la diversidad de los sabores. Trabaja por frenar la globalización alimentaria, recuperar los productos, razas animales, especies vegetales en vías de extinción y por difundir en la sociedad las bondades de la biodiversidad. En la actualidad agrupa a 120.000 personas de 104 países.

Tanto la FAO (Organización de las Naciones Unidas para la Agricultura y la Alimentación), como la OMS (Organización Mundial de la Salud), están empeñadas en que la población aumente el consumo de frutas y verduras (al menos 5 raciones diarias de 150 g), para reducir la alta tasa de enfermedades crónicas. Eso supone aumentar la producción de frutas y hortalizas sin dañar el planeta. Es por ello que de Junio de 2004 a Diciembre de 2006 habrá por tiendas de comestibles, centros de enseñanza y otros lugares, una campaña de promoción del consumo de frutas y hortalizas frescas, bajo el lema "5 al día. Es vital", y con un icono que representa los cinco dedos de la mano.

La salud de los humanos y la salud del planeta van a la par. Una alimentación humana con predominio de frutas, verduras y semillas oleaginosas sobre los alimentos de origen animal llegaría para dar de comer a mucha más gente, reduciría las enfermedades que más nos matan (cáncer y cardiocirculatorias) y enriquecería el suelo de nuestro precioso planeta.

Si tu cambias de actitud y hábitos de consumo, podrás inspirar y contagiar a otras personas. Y cuando se alcance un cierto número de personas pensando y viviendo más respetuosamente, eso se notará en el conjunto de la sociedad.

Puedes empezar por introducir un pequeño cambio que tal vez pueda desencadenar una reacción en cadena de cambios. Si decides hacer un día a la semana sin consumir grasas saturadas (sin carnes, lácteos y huevos), al año hacen 52 días, lo que supone una reducción anual del 14%.

Entre los pucheros también se cuece ese "otro mundo posible" que tanto necesitamos. Karmen Sobejano se ha propuesto, con esta colección de recetas, compartir su experiencia de madre y cocinera de comedores populares, para ponerte más fácil la práctica de tus buenas intenciones.

ENEKO LANDABURU
Médico

Ensaladas

Ensalada de arroz con alga arame

Ingredientes *para cuatro personas:*

1 vaso con variedad de arroces (Basmati, salvaje, etc.)
1 vaso de algas arame
1 zanahoria
combinado de lechuga roja, escarola verde, etc.
1 cebolleta
aceitunas

Ponemos una cazuela con abundante agua a hervir. Cuando esté lista añadimos el arroz bien lavado y lo cocemos. A continuación, lo escurrimos como si fuera pasta y lo enfriamos con agua.
Lavamos las algas y las cubrimos de agua durante 5 minutos, mientras ponemos 1 vaso de agua a hervir. Cuando rompa el agua, le echamos las algas y las cocemos durante 10 minutos. Tienen que absorber el agua. Enfriamos.

Montamos la ensalada:
Juntamos el arroz con las algas y las mezclamos bien, añadimos la zanahoria rallada, la cebolleta picada, el combinado de lechugas y las aceitunas. Aliñamos con aceite y tamari.

Ensalada de pimientos con Tsatziki

Ingredientes
para cuatro personas:
1/2 kilo de pimiento verde y rojo
1 pepino
2 tomates
1 cebolleta
sal-aceite-pimienta

Para la salsa:
4 yogures griegos
2 dientes de ajo
2 pepinos
1 cucharada de perejil picado
4 cucharadas de aceite de oliva
sal-pimienta

Asar los pimientos, enfriar y pelar.
Pelar el pepino y cortarlo en rodajas, colocarlo en una fuente junto al pimiento en tiras, los tomates sin piel y en cuadraditos, la cebolla picada y aliñar con la mezcla de aceite-sal-pimienta.

Para elaborar el Tsatziki, una salsa de yogur con pepino de procedencia griega:

Poner los yogures en una fuente, rallar los pepinos y escurrirlos. Añadirlos al yogur junto con el ajo picado y el perejil. Ligarlo todo bien con el aceite, la sal y la pimienta. Se sirve frío.
También puede acompañar a las ensaladas de arroz o pasta.

Ensalada de zanahorias (Túnez)

Ingredientes *para cuatro personas:* 1 kilo de zanahorias, 2 limones, 1/2 cucharadita de pimienta negra, 1 cucharadita de comino, sal, aceite de oliva.

Cocer las zanahorias enteras con la piel, dejarlas enfriar, pelarlas y pocharlas con el tenedor. Añadir el zumo de limón, la pimienta, el comino, la sal y el aceite. Remover bien y dejar macerar en el frigorífico.

Ensalada de berza

Ingredientes *para cuatro personas:* 1/2 berza pequeña, 1/2 berza lombarda, 3 naranjas, aceite, sal.

Cortar en tiras las berzas, introducirlas en abundante agua hirviendo y sacarlas enseguida, lo justo para escaldar. Dejar enfriar y añadir el zumo de dos naranjas, aceite, sal y los gajos de una naranja.

Ensaladilla rosa

Ingredientes
para cuatro personas:
6 patatas nuevas
3 zanahorias
2 remolachas frescas
lactonesa (mahonesa sin huevo)
aceitunas
1/2 k de vainas

Para la lactonesa (mahonesa sin huevo):
leche de vaca o soja
1 diente de ajo
perejil picado
sal
aceite de girasol

Se cuecen las vainas, se escurren y se dejan enfriar. Se cuecen las patatas, la remolacha y la zanahoria en abundante agua. Cuando esté tierna la patata, se escurre y se dejan enfriar. Pelar la patata y pasarla por el rallador, hacer lo mismo con la zanahoria y la remolacha. En un bol lo mezclamos todo junto con la vaina, las aceitunas peladas y la lactonesa.

Para hacer la lactonesa: Echar leche de vaca o de soja hasta cubrir las aspas del túrmix, un diente ajo, sal y perejil picado. Darle al túrmix en velocidad media, y verter el aceite de girasol a chorrito. Cuando engorde, juntarla con la ensaladilla.

Ensalada campesina

Ingredientes *para dos personas:* 2 tomates, queso feta, orégano, tomillo, aceitunas.

Cortamos el tomate en ruedas muy finas, el queso lo ponemos encima cortado en cuadraditos y espolvoreamos con orégano y tomillo. Echamos las aceitunas y aliñamos con buen aceite de oliva y sal.

Ensalada de bulgur con salsa de tahini

Para la salsa:
4 cucharadas de tahini
4 cucharadas de agua
zumo de 1/2 limón
2 cucharadas de aceite
1 diente de ajo majado
1 cucharada de salsa de soja
sal
pimienta negra

Ingredientes *para cuatro personas:*
100 g de bulgur
1 lechuga
1 cebolleta
1 zanahoria rallada
germinados

Ponemos abundante agua en una cazuela y cuando hierva salamos y añadimos el bulgur. Lo cocemos durante 15 minutos y lo escurrimos y enfriamos con agua, como si fuera pasta. Preparamos la ensalada con los germinados y demás ingredientes, añadimos el bulgur y la salsa de tahini que elaboramos batiendo todos los ingredientes en la batidora.

Ensalada de endibias y guacamole

Ingredientes
para seis personas:
6 endibias
2 aguacates maduros
2 tomates maduros
1 diente de ajo
aceite
sal

Se lavan bien las endibias y se cortan en tiras finas a lo largo. A continuación, se disponen alrededor de un plato liso.
Se prepara el guacamole aplastando con el tenedor la carne de aguacate con sal y un chorrito de aceite hasta conseguir una crema. Se añaden los tomates rallados y se une todo bien. Se sitúa en el centro del plato en el que hemos colocado las endibias.

Pese a que no se incluye en las recetas, a todos estos platos se les pueden añadir germinados como soja, rabanitos o alfalfa.

Segundos platos

Segundos fríos

Segundos calientes

Sopas

Cremas

Legumbres

Pudin de pimientos del piquillo

Ingredientes *para cuatro personas:* 1/2 bote de pimientos del piquillo, 2 huevos, 1/4 litro de nata, sal.

Introducimos los pimientos y demás ingredientes en el bote de la batidora, batimos y colocamos la crema en una pudinera untada en aceite y espolvoreada con pan rallado. Lo metemos en el horno al baño María durante 45 minutos a 180º y dejamos enfriar. Cuando esté bien frío lo desmoldamos en una fuente y lo acompañamos con lactonesa.

Pudin de brócoli

Ingredientes *para cuatro personas:* 1/2 brócoli, 2 huevos, 1/4 litro de nata, sal.

Cocemos el brócoli al vapor y lo introducimos en el bote de la batidora junto con dos huevos, 1/4 litro de nata y sal. Una vez batido el conjunto, lo vertemos en una pudinera que previamente habremos untado en aceite y espolvoreado con pan rallado. Lo cocemos en el horno al baño María a 180º. Transcurridos 45 minutos, lo sacamos y lo dejamos enfriar.
Se sirve bien frío, desmoldado sobre una fuente y con lactonesa para acompañar.

Escalibada

Ingredientes
para cuatro personas:
4 pimientos rojos
3 berenjenas
1 cebolla

Para el aliño:
ajo
perejil
sal
aceite

Untamos de aceite una bandeja de horno y colocamos todas las verduras lavadas. Las rociamos con aceite, las salpicamos agua y echamos sal. Las horneamos durante 30 minutos a 180º y las dejamos enfriar.

A continuación, pelamos los pimientos y sacamos la pulpa de las berenjenas. Partimos los pimientos en tiras y hacemos lo mismo con la berenjena. Aliñamos con sal, aceite, ajo y perejil muy picadito.

Vichyssoise (crema fría de puerros)

Ingredientes
para cuatro personas:
3 puerros
1 patata grande
albahaca
1 cucharadita de leche de soja
sal

Se cortan los puerros y la patata en pedazos grandes y se ponen en una cazuela con aceite para saltearlos a fuego fuerte durate 5 minutos. Sin dejar de remover se le añade la sal y la albahaca, se le baja el fuego y se mantiene tapado 15 minutos para que se haga en su jugo. Se le añade de agua, lo justo para cubrir, y se deja hacer 10 minutos más.
Se bate con la batidora y cuando esté templada se le añade leche de soja para hacer una crema fina. Se sirve bien fría en verano y caliente en invierno.

Humus (paté de garbanzos)

Ingredientes
para cuatro personas:
200 g de garbanzos
3 cucharadas de tahini
1 diente de ajo
1 cucharadita de pimentón
zumo de 1/2 limón
sal
aceite

Se cuecen los garbanzos hasta que estén tiernos. Después se escurren y se guarda el caldo.
Se pone en la jarra de la batidora, se añade el caldo y se bate hasta conseguir una pasta espesa. A continuación, se pone la masa en un bol y se añade el ajo machacado, el pimentón, la sal, el tahini y el zumo de limón. Se mezcla bien y se deja reposar durante dos horas, para que liguen bien todos los sabores. Al servir se rocía con aceite.

Falafel

Ingredientes
para seis personas:
100 g de garbanzo remojado
1 cebolla
2 dientes de ajo
1 ramillete de perejil
2 cucharaditas de comino en polvo
sal
aceite

Escurrir los garbanzos, lavarlos, ponerlos en la picadora y hacer una masa que pondremos en un bol. Añadir la cebolla rallada, el ajo y el perejil majado, el comino y la sal. Unir todo con las manos y hacer una masa que se dejará enfriar durante dos horas en el frigorífico para realzar los sabores.
Hacer las croquetas, y freírlas en abundante aceite, bien caliente. A continuación ponerlas en papel absorbente.
Podemos servirlas acompañadas de Humus.

Croquetas de garbanzos

Ingredientes
para cuatro personas:
100 g de garbanzos
1 cebolla
1 cazo de harina integral
1 cucharada de tamari

Cocer los garbanzos y escurrirlos. Pocharlos con un tenedor para hacer un puré grueso. Saltear la cebolla en aceite y añadirla al puré con la harina y el tamari. Mezclar bien todo con las manos, hacer las croquetas, pasarlas por harina y freírlas en abundante aceite.

Croquetas de zanahoria

Ingredientes
para cuatro personas:
1/4 k de zanahorias
1/2 l de leche de vaca o soja
100 g de margarina vegetal
1cazo de harina integral
1 cucharadita de nuez moscada
sal
1 huevo
pan rallado

En una cazuela ponemos la margarina a derretir. Cuando esté lista añadimos la harina sin dejar de remover para que ligue bien. Podemos añadir aceite si vemos que la harina engorda mucho con la margarina. A continuación, vamos echando la leche caliente y seguimos removiendo para que no salgan grumos. Cuando conseguimos una crema ligera le añadimos las zanahorias ralladas muy finas, la nuez moscada y la sal y dejamos hervir a fuego lento durante 20 minutos moviendo la masa a menudo.
A continuación, vertemos la masa en una fuente plana, la dejamos enfriar y la metemos al frigorífico.
Es mejor usarla al día siguiente.
Una vez sacamos la masa del frigorífico, hacemos las croquetas untándonos las manos de aceite para que no se nos pegue la masa a las manos. Las rebozamos con huevo, pan rallado y las freímos en abundante aceite bien caliente. Las colocamos en un papel absorbente y las servimos.

Croquetas de espinaca

Ingredientes
para cuatro personas:
1/4 k de espinacas
1/2 l de leche de vaca o soja
100 g de margarina vegetal
1 cazo de harina integral
1 cucharadita de nuez moscada
sal
1 huevo
pan rallado

Ponemos la margarina a derretir en una cazuela. Cuando esté lista añadimos la harina sin dejar de remover para que ligue bien. A continuación, vamos echando la leche caliente y seguimos removiendo para que no salgan grumos. Cuando conseguimos una crema ligera le añadimos las espinacas a tiras muy finas, la nuez moscada y la sal y dejamos hervir a fuego lento durante 20 minutos moviendo la masa a menudo.

A continuación, vertemos la masa en una fuente plana, la dejamos enfriar y la metemos al frigorífico.
Es mejor usarla al día siguiente.
Una vez sacamos la masa del frigorífico, hacemos las croquetas untándonos las manos de aceite para que no se nos pegue la masa a las manos. Las rebozamos con huevo, pan rallado y las freímos en abundante aceite bien caliente. Las colocamos en un papel absorbente y las servimos.

Buñuelos de garbanzos

Ingredientes
para cuatro personas:
1/2 k de garbanzos (puestos en remojo durante 12 h)
250 gramos de puré de patata
1 cebolla
1 huevo
1 cucharadita de orégano
aceite
1 cazo de harina
sal
pimienta

Se cuecen los garbanzos en abundante agua durante una hora. Se ponen en un bol junto con las patatas peladas y se trabajan con las manos hasta conseguir pochar los garbanzos y la patata para que quede una masa. Se añade el huevo batido, la cebolla rallada, la harina, el orégano, la sal y la pimienta y se sigue mezclando todo bien con las manos. Se hacen las bolas, se pasan por harina y se fríen en abundante aceite bien caliente. Se colocan sobre un papel absorbente.

Gazpacho de aguacate

Ingredientes
para cuatro personas:
1 yogur
2 aguacates maduros
1 vaso de caldo de verduras
1/2 limón
1 cebolleta
1 pepino
sal

Se bate el yogur con los aguacates, el caldo y 1/2 limón hasta hacer una crema y si está muy espesa le agregamos caldo y lo dejamos enfriar.

Picamos muy fino el pepino y la cebolla y lo dejamos en un colador con sal para que sude y suelte el agua.
Al servir lo añadimos a la crema.

Gazpacho andaluz

Ingredientes *para cuatro personas:* 2 cebolletas, 1 diente de ajo, 3 pimientos verdes, 3 tomates maduros, pan remojado (un tazón), sal, 1 pepino, 1 vaso de agua.

Se trocean las verduras y se baten con la batidora. Se añade el pan escurrido y se sigue batiendo. Se echa el agua poco a poco para que no nos quede demasiado caldoso. Se añade la sal y el aceite y se cuela por el chino. Se sirve bien frío.

Espárragos trigueros al horno

Ingredientes *para cuatro personas:* 1 manojo de espárragos, sal, aceite.

Se limpian los espárragos y se les corta el tallo por donde no esté duro.
Se aceita la bandeja del horno y se colocan los espárragos en fila, se les salpica agua y se les echa sal y aceite por encima. Se hornean durante 20 minutos a 180º. Se acompañan con lactonesa.

Garbanzos con especias

Ingredientes *para cuatro personas:* 400 g de garbanzo cocido, 1 limón, 1 diente de ajo, 2 cucharaditas de comino, 1/2 cucharadita de cúrcuma, 1/2 cucharadita de jengibre en polvo, pimentón picante, aceite de oliva, sal, pimienta.

En un cuenco mezclar cuatro cucharadas de aceite con el zumo de limón, el diente de ajo picado, la mitad del comino, la cúrcuma, el jengibre y una pizca de pimentón. Sazonar con sal y pimienta y batir energéticamente. Verter la salsa sobre las garbanzos y espolvorear con el resto del comino.

Dejarlo enfriar 30 minutos en el frigorífico para que liguen los sabores.

Puerros al ajillo

Ingredientes
para cuatro personas:
1 manojo de puerros
3 zanahorias
3 patatas
ajo y perejil
aceite
sal

Se parten los puerros por la mitad dejando lo blanco en trozos grandes, se lavan bien y se escaldan en agua hirviendo con sal durante 10 minutos. Se sacan y se dejan enfriar.
Aparte, se cuecen enteras y con piel las patatas y las zanahorias y se dejan enfriar.
Se machacan en el mortero el perejil y el ajo y se mezclan con aceite. Se pelan las patatas y las zanahorias y se cortan en rodajas. Se prepara la ensalada con el puerro, aliñando con el ajo y el perejil.

Crema de calabaza

Ingredientes *para cuatro personas:* 4 cebollas, 1 rueda de calabaza, 1 cucharadita de albahaca, sal.

Se trocean las cebollas y la calabaza en pedazos grandes y se sofríen con sal y albahaca a fuego lento, para que suelten el jugo. A los 15 minutos se añade agua, lo justo para cubrir y se deja que hierva 5 minutos más antes de pasar por el pasapurés.

Crema de coliflor

Ingredientes
para cuatro personas:
4 cebollas
1 coliflor
1 hoja de laurel
1/4 de k de champiñones
sal

Se trocean las cebollas y la coliflor en pedazos grandes y se sofríen con sal y laurel a fuego lento, para que suelten el jugo. A los 15 minutos se añade agua, lo justo para cubrir.

Se deja 5 minutos más, se retira la hoja de laurel y se pasa por el pasapurés.
Los champiñones se cortan finos, se fríen y se añaden a la crema.

Crema de brócoli

Ingredientes
para cuatro personas:
4 cebollas
1 brócoli
sal

Se sofríen las cebollas y el brócoli cortados en pedazos grandes, se añade sal y se dejan pochar 15 minutos tapados y a fuego lento. Se añade agua lo justo para cubrir y se deja hervir 5 minutos más. A continuación, se pasa por el pasapurés.

Crema de calabacín

Ingredientes
para cuatro personas:
4 cebollas
2 calabacines
1 cucharadita de albahaca

Se cortan las cebollas en trozos grandes y los calabacines se pelan en tiras, una sí, una no, y se cortan también en trozos grandes. Se sofríen con la albahaca y la sal durante 15 minutos a fuego lento y tapado. Se agrega agua hasta cubrir y se deja hervir 5 minutos.
Pasar por el pasapurés.

Crema de espárragos

Ingredientes
para cuatro personas:
3 cebollas grandes
2 patatas
1 bote de espárragos
1 bote de puntas de espárrago

Se cortan la cebolla y la patata en trozos grandes y se sofríen con sal. Se dejan hacer a fuego lento para que suelten todo su jugo.

Cuando esté hecho se bate con el bote de espárragos y se deja enfriar añadiendo las puntas cortaditas.

Sopa de azukis y cuscús

Ingredientes
para cuatro personas:
100 g de azukis
1/2 calabacín
1 zanahoria
1 puerro
1 cazo de cuscús
1 tira de alga kombu

Se lavan los azukis y se ponen a hervir con el alga remojada y cortada a trozos. Se hace un sofrito con las verduras muy picaditas.

Cuando el azuki esté hecho se le añade el sofrito, se añade agua fría y se deja hervir. Añadimos el cuscús y se deja 5 minutos más.

Sopa de copos de avena

Ingredientes *para seis personas:* 1 tazón de copos, caldo vegetal, 1 ramita de apio, 1 zanahoria, 1 puerro, 1 cebolla, miso.

Se pican las verduras y se sofríen, se añade el caldo y los copos y se deja hervir 15 minutos.
Al servir, añadir una cucharadita de miso.

Sopa de lenteja roja

Ingredientes
para cuatro personas:
150 g de lenteja roja
1 cebolla
1 rueda de calabaza
1 tira de alga kombu
1 ramita de apio

Se lavan bien las lentejas y se ponen a hervir con la tira de alga remojada 5 minutos y se cuece a fuego lento.
Se hace un sofrito con las verduras bien picaditas y cuando la lenteja esté bien deshecha se le añade el sofrito, se le agrega agua y se deja hervir 10 minutos más, removiendo para que no se pegue.

Garbanzos con setas

Ingredientes
para cuatro personas:
1 tira de alga kombu
200 g de garbanzo
2 cebollas
150 g de setas
perejil

Poner la noche anterior los garbanzos a remojo con la tira de alga kombu. Cocer a fuego lento-medio durante una hora más o menos los garbanzos, ya remojados con la tira de alga kombu partida en trocitos.

Aparte, picamos la cebolla y las setas en cachitos y hacemos un sofrito. Cuando esté listo se lo añadimos a los garbanzos ya cocinados, le ponemos el perejil picadito, la sal y lo hervimos 10 minutos más.

Lentejas

Ingredientes
para seis personas:
200 g de lenteja pequeña
1 tira de alga kombu (puesta 5 minutos a remojo)
1 cebolla
1 zanahoria
1 hoja de laurel
1 pimiento rojo
1 puerro

Lavar bien la lenteja y ponerla a hervir con el alga y cubierta de agua.
Picar las cebollas, la zanahoria, el puerro y el pimiento, pocharlo con la hoja de laurel, agregar a las lentejas cuando estén tiernas y hervir 10 minutos más, agregándole agua si es necesario.
Acompañamos con cereal.

Azukis con calabaza

Ingredientes
para cuatro personas:
150 g de azukis
1 tira de alga kombu (poner 5 minutos a remojo)
1 cebolla
1 rueda de calabaza
sal marina
1 ramita de apio

En una cazuela ponemos a hervir los azukis lavados y la tira de alga troceada, con el agua suficiente para cubrirla. Si necesitara más agua en la cocción se la añadiremos fría. Lo cocemos a fuego lento hasta que esté tierno.
Aparte hacemos un sofrito con la cebolla y la calabaza bien picada. Cuando la verdura esté pochada, se la agregamos a los azukis y lo hervimos todo 5 minutos con el apio troceado.
Si lo acompañamos con cereal, será un plato completo. Para cocinar el cereal (mijo, quinoa, arroz), ponemos 2 partes de agua y 1 de cereal, lavamos bien el cereal y ponemos el agua en una cazuela plana. Cuando rompa a hervir echamos la sal y el cereal. Cuando vuelva a hervir bajamos el fuego y lo tenemos 20 minutos tapado.

Terceros platos

Verduras

Pastas y harinas

Cereales

Proteínas

Coliflor y brócoli con besamel de soja y tofu

Ingredientes
para cuatro personas:
1/2 coliflor
1/2 brócoli
salsa de besamel
nuez moscada
1/2 paquete de tofu

Cocemos al vapor la coliflor y el brócoli.
Preparamos la besamel de soja y la aromatizamos con nuez moscada.

En una fuente de horno untada con aceite ponemos las verduras y las cubrimos con la salsa. Horneamos 15 minutos con tofu rallado.

Calabacines rellenos de tofu

Ingredientes
para cuatro personas:
2 calabacines grandes
1 cebolla
1 puerro
1 pimiento rojo
1 pimiento verde
1/2 paquete de tofu
1 cucharadita de albahaca
salsa de tomate

Se pelan los calabacines en tiras y se cortan en ruedas de 3 cm de grosor. En una bandeja de horno untada en aceite se colocan las ruedas, se les salpica agua, un chorrito de aceite por encima, sal y albahaca y se hornea 30 minutos a 180º.
Se dejan enfriar y se les saca la pulpa y se reservan.
Se pican las verduras y se hace el sofrito, cuando esté casi hecho se añade el tofu desmigado, se deja hacer durante 10 minutos y se aliña con tamari.
Cuando se temple, se rellenan los calabacines y se colocan en la bandeja del horno.
Con la pulpa se puede hacer una crema batiéndola en la batidora. Se aliña con sal y aceite y junto con la salsa de tomate, se usa de base para colocar encima los calabacines a la hora de servir.

Albóndigas de calabacín, o coliflor o berza, con arroz y alga arame

Ingredientes
para cuatro personas:
1 calabacín
1 cazo de harina
1 cucharadita de levadura de panadero
1 cucharadita de orégano
1 cuenco de arroz cocido
1 puñadito de alga arame cocinada
sal

En un bol rallar el calabacín, añadir la harina, la levadura, el orégano, el arroz, las algas y la sal, amasarlo bien y hacer las bolas. Freírlas en abundante aceite bien caliente.

En lugar del calabacín se pueden emplear indistintamente la coliflor o la berza.
Se puede acompañar con salsa de tomate.

Pimientos del piquillo rellenos de seitán

Ingredientes
para seis personas:
2 botes de pimientos del piquillo
2 puerros
1 paquete de seitán
ajo-perejil
besamel de soja
salsa de tomate
salsa tamari

Para la salsa:
salsa de tomate
1 vaso de leche de soja
6 pimientos del piquillo

Para la besamel de soja:
1/2 litro de leche de soja
50 g de margarina
1 cazo de harina integral

Se pican los puerros muy finos y se fríen en un poco de aceite unos 15 minutos. Se pica en trocitos el seitán y se macera en un cuenco que preparamos con un chorrito de aceite y 3 cucharadas de tamari. Lo maceramos durante 10 minutos y se lo añadimos a los puerros. Lo cocinamos 15 minutos más y lo dejamos enfriar.
Hacemos la besamel de soja y cuando esté bien espesa se la añadimos al seitán, removemos bien y dejamos enfriar. Nos ponemos a rellenar los pimientos que iremos colocando en una cazuela plana untada en aceite. Los situamos en forma de rosetón con la abertura pegando a la pared de la cazuela para proteger el relleno. Cuando terminemos añadimos 1/2 vaso de agua, espolvoreamos ajo y perejil y lo hervimos durante 15 minutos a fuego lento.
En un cuenco ponemos la salsa de tomate, los pimientos que se han roto del relleno y los cazos de leche de soja; batimos y hacemos la crema, la calentamos y cubrimos los pimientos en el momento de servir.

Pimientos verdes rellenos de verduritas y seitán

Ingredientes
para cinco personas:
10 pimientos verdes
2 puerros
2 cebollas
1 rueda de calabaza
1 paquete de seitán
salsa de tomate
champiñones

Horneamos los pimientos verdes enteros, untamos de aceite la bandeja, ponemos los pimientos, salpicamos agua, echamos un chorrito de aceite por encima y sal, lo tenemos 20 minutos aproximadamente y lo dejamos enfriar.
Hacemos un sofrito con las verduras bien picaditas y lo tenemos tapado a fuego lento para que se cocine bien.
Ponemos el seitán a macerar en un cuenco con un chorrito de aceite de oliva y un chorrito de tamari. Lo mezclamos bien y metemos el seitán cortado en cuadritos. Lo tenemos durante 10 minutos.
Agregamos el seitán a las verduras, lo dejamos cocer 10 minutos y lo dejamos enfriar.
Cortamos el rabo y quitamos las pepitas de los pimientos y vamos rellenando y colocando en la bandeja de horno untada en aceite. Cuando terminamos lo horneamos durante 15 minutos.
Lo acompañamos con salsa de tomate y unos champiñones que hacemos enteros en el horno aliñados con ajo-perejil.

Pastel de patata y espinaca

Ingredientes
para seis personas:
1 kilo de espinaca
2 cebollas
1 zanahoria
6 ó 7 patatas grandes
1/2 litro de leche de soja
aceite de oliva (un chorro)
nuez moscada (una pizca)
1 huevo
semillas de sésamo
sal marina

Lavamos bien la espinaca y la cocemos con poca agua, porque merma mucho. La hervimos durante 5 minutos, la escurrimos y reservamos.
Cocemos las patatas troceadas en abundante agua, 15 minutos más o menos, y cuando esté bien tierna la colamos. Ponemos en un bol la patata y con la varilla le vamos mezclando el aceite, la leche (mejor templada), la nuez moscada y la sal, lo ligamos bien y lo reservamos.
Hacemos un sofrito con las cebollas y la zanahoria rallada. Cuando estén hechas le agregamos la espinaca y la sal.
En una bandeja para horno untada con aceite ponemos una capa fina de puré, le ponemos encima las espinacas y lo cubrimos con el resto del puré que no tendrá que ser muy espeso para esparcirlo bien. Batimos el huevo, se lo extendemos por encima y le espolvoreamos semillas de sésamo. Horneamos durante 10 minutos.

Pastel de patata y seitán

Ingredientes
para seis personas:
1 paquete de seitán
1 kilo de patata
salsa de tomate
4 puerros
1 manojo de ajos frescos
1/2 l de leche de soja

Cortar las patatas y hervirlas en abundante agua con sal, escurrirlas, añadir aceite y leche de soja y hacerlas puré con la varilla. Picar los puerros y los ajos y sofreírlos con el seitán cortado en taquitos. Añadir la salsa de tomate y cocinarlo 15 minutos.

En una fuente de horno untada con aceite poner una capa de puré de patata, agregar el guiso de seitán y cubrir con el resto de puré. Hornearlo durante 10 minutos, añadir queso rallado o tofu y gratinar 5 minutos más.

Patatas asadas con cúrcuma

Ingredientes
para cinco personas:
1 k de patata nueva
3 cebolletas
3 pimientos verdes
2 cucharadas de cúrcuma en polvo
4 dientes de ajo
1 limón
aceite de oliva
sal
pimienta

Pelar y partir las patatas en rodajas, cocer en abundante agua con la cúrcuma y sal durante 5 minutos. Escurrirlas y colocarlas en una bandeja de horno aceitada.

Picar la cebolla, los pimientos y los dientes de ajo, cortar en rodajas el limón y mezclar todo con la patata. Rociar el conjunto con aceite de oliva, salpimentar y hornearlo 30 minutos, a 190º.

Patatas asadas rellenas de espinaca

Ingredientes
para cuatro personas:
4 patatas nuevas
1 k de espinaca fresca
2 cebollas
1 pizca de cúrcuma

Asamos las patatas enteras, rociándolas con aceite y agua durante 30 minutos a 180º. Pinchamos con un palito para saber si están hechas, y las dejamos enfriar.
Lavamos las espinacas y las cocemos en agua hirviendo durante 5 minutos.
Picamos la cebolla y la freímos. Añadimos la espinaca escurrida, la espaciamos con la cúrcuma y después la salamos.
Partimos las patatas por la mitad y las vaciamos con cuidado de no romper la base. Añadimos las patatas al sofrito de espinaca, removemos bien y con esto rellenamos las patatas. Las horneamos 10 minutos y listo.

Mousaka de seitán y berenjenas

Ingredientes
para seis personas:
1 k de berenjenas
1/2 k de calabacines
1/2 k de patatas
1 paquete de seitán
2 cebollas
2 cazos de salsa de tomate
1 diente de ajo
sal
pimienta negra
orégano
1/2 palito de canela en rama
una pizca de nuez moscada
queso rallado

Se cortan las berenjenas y los calabacines a lo largo en láminas no muy finas y las patatas a rodajas. Se fríen ligeramente, se colocan sobre papel absorbente y se reservan.
Se sofríen las cebollas y el ajo con el seitán cortado en cachitos, se hace durante 10 minutos y añadimos la salsa de tomate, la 1/2 ramita de canela y la pimienta. Lo dejamos hacer 5 minutos más.
En una fuente de horno untada en aceite se colocan a capas las patatas-berenjenas-calabacines, espolvoreamos con queso rallado (opcional) y echamos una capa de sofrito de seitán y otra capa de patatas-berenjenas-calabacines y seitán. Cubrimos todo con la salsa de besamel y lo horneamos 45 minutos. Gratinamos 5 minutos con queso o tofu rallado y espolvoreamos orégano.

Berenjenas rellenas

Ingredientes
para cuatro personas:
2 berenjenas
1 cebolla
1 puerro
1 pimiento rojo
100 g de setas
1 diente de ajo
besamel de soja

Cortamos las berenjenas por la mitad y las ponemos en una bandeja engrasada, boca arriba, rallándoles con un tenedor la pulpa. Salpicamos de agua, un chorrito de aceite y sal. Las horneamos 30 minutos a 180º, las enfriamos, sacamos la pulpa con una cuchara y reservamos la piel.

Pochamos las verduras bien picaditas y cuando estén hechas añadimos la pulpa de la berenjena, una cucharada de harina y dejamos hacer 10 minutos más removiendo continuamente. Rellenamos con esto las berenjenas y las cubrimos con la besamel. Las horneamos 10 minutos y espolvoreamos queso o tofu rallado. Gratinamos 5 minutos.

Berenjenas asadas con salsa de setas y roquefort

Ingredientes
para cuatro personas:
2 berenjenas
1/4 k de setas
1 cebolla
1 puerro
1/4 litro de nata
25 g queso roquefort
queso rallado
sal
pimienta

Cortamos las berenjenas por la mitad y les hacemos a cada mitad dos cortes a lo largo hasta llegar al tallo, como si fuera un libro de tres hojas. En una bandeja engrasada las colocamos hacia arriba y salpicamos agua, un chorrito de aceite, sal y pimienta. las asamos durante 1/2 hora a 180º y a continuación las reservamos.
Pochamos las cebollas y los puerros, y las setas las freímos cortadas en cuadraditos con unos dientes de ajo. Cuando estén hechas las juntamos a las verduras pochadas, añadimos la nata y el queso roquefort y lo dejamos hervir a fuego lento durante 15 minutos.
Abrimos las berenjenas y le echamos la salsa por encima, el queso rallado y las gratinamos 5 minutos.

Berenjenas marroquíes con cuscús

Ingredientes
para seis personas:
185 g de cuscús
1 cebolla
2 berenjenas
3 cucharaditas de comino molido
1 cucharadita de pimentón
1 cucharadita de canela molida
1 cucharadita de clavo molido
1 ramillete de perejil
50 g de mantequilla
sal
aceite de oliva

Se pone el cuscús a tostar en una sartén bien caliente hasta que coja un color canela, se introduce en un bol, se agrega agua hirviendo, justo hasta cubrir, y se deja reposar 10 minutos.

En una sartén grande se vierten dos cucharadas de aceite y se sofríe la cebolla hasta que se dore, retirándola luego de la sartén y guardando el aceite.

Se cortan las berenjenas en rodajas de un centímetro y se parten en cuatro trozos. Se ponen a macerar con las especies durante 10 minutos.

Freímos las berenjenas durante 25 minutos en el aceite de las cebollas.

Se sacan de la sartén y en el jugo se derrite la mantequilla. Se añade el cuscús y se fríe durante 3 minutos. Se agrega la cebolla, la berenjena y el perejil picadito.

Pisto

Ingredientes
para cuatro personas:

3 calabacines
1/2 k de tomates maduros
2 cebollas
2 patatas grandes
4 pimientos verdes
2 dientes de ajo

En una cazuela poner aceite para sofreír los dientes de ajo, las cebollas y los pimientos verdes picaditos. A medio hacer añadir los tomates pelados y el calabacín también pelado y en trozos.

Taparlo para que se haga en su jugo y salar.
Aparte freír las patatas cortadas en cuadraditos y añadir el pisto. Dejar hacer 5 minutos más y servir.

Endibias al horno con salsa de quesos

Ingredientes
para cuatro personas:
4 endibias

Para la salsa:
1/2 l de nata
1 tarrina de queso
2 trocitos de roquefort
pimienta
6 nueces picaditas

En una bandeja de horno ponemos las endibias enteras, las salamos, las rociamos de aceite, salpicamos agua y las ponemos a asar a 180º durante 30 minutos.
En una cazuela al fuego, calentamos la nata, y cuando hierva añadimos la tarrina de queso y el roquefort. Deshacemos bien la mezcla y salpimentamos.
Abrimos las endibias por la mitad, las cubrimos con la salsa y colocamos a continuación unos trocitos de nuez por encima.

Espagueti de quinoa con tofu y salsa de pimientos rojos

Ingredientes
para seis personas:
1/2 k de espagueti integral
1 paquete de tofu
3 cebollas grandes
2 ajos frescos
salsa de pimientos
tamari
1 hoja de laurel
una pizca de orégano

Se hierven los espagueti en abundante agua, sal, aceite y una hoja de laurel, se escurren y se pasan por agua fría. Se reservan.
Se cortan las cebollas en juliana y los ajos en ruedas. Se saltean y salan en una cazuela con aceite y se deja tapado a fuego lento, hasta que la cebolla esté casi marrón. A continuación, se añade el tofu y el tamari y se deja cocer 10 minutos.

Para la salsa:
Se asan dos pimientos rojos grandes, se pelan y cortan en tiras y se sofríen con aceite de oliva y 2 dientes de ajo y sal.
Se baten los pimientos con leche de soja hasta obtener una crema.

En una bandeja de horno untada en aceite se pone la pasta, el tofu encebollado, encima la salsa de pimientos y se espolvorea con tofu rallado y orégano.
Se hornea 10 minutos.

Espagueti con estofado de pimiento rojo y seitán

Ingredientes
para cuatro personas:
1/2 k de espagueti integral
1/2 paquete de seitán
2 pimientos rojos asados y en tiras
salsa de tomate
orégano
1 diente de ajo
1 ramillete de perejil
tamari

Se cocina la pasta, se pasa por agua fría y se reserva. En una cazuela se pone aceite de oliva, los pimientos rojos, el seitán troceado y el ajo y el perejil majado. Se cocina a fuego lento con un chorrito de agua y un chorrito de tamarí durante 15 minutos. Emplatamos, poniendo salsa de tomate, los espagueti encima y el estofado de seitán.

Espagueti de quinoa con espinacas y nata de soja

Ingredientes
para seis personas:
1/2 k de espagueti de quinoa
1 k de espinaca fresca
200 cl de nata de soja
pimienta
ajo
perejil
tofu rallado

Se cuecen los espagueti en abundante agua durante 3 minutos, con aceite, sal y una hoja de laurel. Se escurren y pasan por agua fría.
Se lavan las espinacas y se cuecen en agua hirviendo durante 3 minutos y se escurren.
En una cazuela se pone aceite, se sofríe ajo y perejil picadito, y se añaden las espinacas y la nata de soja. Se hierve todo durante 10 minutos.
En una bandeja de horno aceitada se ponen los espagueti, se cubren con la salsa de espinacas, tofu rallado y oréganos, y se gratinan durante 10 minutos.

Espagueti con setas y salsa de queso

Ingredientes
para seis personas:
1/2 k de espagueti
1 hoja de laurel
ajo
perejil
1 cebolla
1/2 litro de nata
queso fresco a las finas hiervas
mozzarella
orégano

Cocemos los espagueti en abundante agua con aceite, sal y la hoja de laurel. Los escurrimos y los pasamos por agua fría.
En una cazuela ponemos la cebolla y las setas bien picaditas, las sofreímos durante 15 minutos, añadimos la nata y el queso y lo dejamos hacer 10 minutos más removiendo para ligarlo todo bien.
Calentamos aceite en una cazuela, sofreímos ajo, perejil y añadimos los espagueti. Removemos bien y salamos.
En una bandeja de horno, ponemos los espagueti y los cubrimos con la salsa de queso, la mozzarella y espolvoreamos el orégano. Lo gratinamos 10 minutos.

Canelones de seitán

Ingredientes
para cuatro personas:
1 paquete de canelones
1/2 paquete de seitán
1 puerro
1 cebolla
1 pimiento rojo
ajo y perejil
1 cucharada de harina integral

Para la besamel de soja:
2 zanahorias
salsa de tomate

Cocemos los canelones en abundante agua con sal, aceite y 1 hora de laurel. Los pasamos por agua fría y los extendemos en una tela de algodón para que absorba el agua.
Troceamos los puerros, las cebollas y el pimiento y los sofreímos durante 15 minutos. El seitán lo partimos muy fino y lo agregamos al sofrito. Añadimos la harina y la ligamos bien con un chorrito de agua y agregamos el ajo y perejil mojado. Lo tapamos y dejamos hervir 5 minutos. Lo dejamos enfriar.
Cuando esté listo para trabajarlo, iremos rellenando los canelones que colocaremos en una bandeja para horno untada en aceite.
En el momento en que acabemos, lo cubrimos con salsa de tomate.
Hacemos la besamel de soja y cuando esté espesa le añadimos las dos zanahorias ralladas muy finas.
Ligamos todo bien y se lo echamos encima de los canelones. Gratinamos 5 minutos con queso o tofu rallado y orégano.

Lasaña de lentejas

Ingredientes
para seis personas:
1 paquete de lasaña
2 cebollas
1 puerro
1 pimiento rojo
2 zanahorias
100 g de lentejas
salsa de tomate
salsa de besamel de soja
orégano
nuez moscada

Para hacer la salsa de tomate:
4 cebollas
2 zanahorias
1 lata de tomate

Para hacer la besamel:
100 g de margarina
2 cucharadas de madera de harina integral
1/2 l de leche de soja

Se cuecen las láminas de lasaña en abundante agua con sal y un chorrito de aceite durante 15 minutos. Se escurren, se pasan por agua fría y se extienden en una tela de algodón para que absorba el agua.
Se hace un sofrito con las verduras.
Se cuecen las lentejas o se utilizan las del día anterior, y se lavan en la escurridera, para que queden sueltas.
Se añaden las lentejas en el sofrito y se mezcla bien, si queda caldoso se añade una cucharada de harina y se hierve todo 5 minutos.
Se hace la salsa de tomate y la besamel.
Colocamos:
1º. Las láminas sobre la bandeja del horno untada en mantequilla.
2º. El sofrito de lentejas.
3º. Las láminas de lasaña.
4º. Sofrito de lentejas.
5º. Láminas.
6º. Salsa de tomate.
7º. Salsa de besamel de soja.
8º. Queso rallado o tofu, y orégano espolvoreado.
Horneamos 5 minutos

Para hacer la salsa de tomate:
En una cazuela se echa aceite, las cebollas troceadas en cuatro y las zanahorias en ruedas grandes. Se sala y tapado y a fuego lento se deja pochar durante 15 minutos. Se le echa el tomate, se pone a fuego fuerte y cuando hierva se le baja y se cocina durante 10 minutos
Cuando esté listo se pasa por la túrmix.

Para hacer la besamel:
Se derrite la margarina y se deshace la harina a fuego lento. Cuando esté ligado se va echando la leche caliente y sin dejar de dar vueltas hasta ligar bien la masa y se deja hervir 20 minutos removiendo hasta que engorde. Le echamos sal y nuez moscada.

Pizza casera

Masa
para seis personas:
3 cazos de harina integral
1 cazo de harina blanca
30 g de levadura de panadero en polvo
1 cucharadita de azúcar moreno
1 vaso de agua templada
sal
aceite

Ingredientes:
salsa de tomate
2 berenjenas asadas
2 pimientas rojos asados y a tiras
2 cebolletas
orégano
queso emmental rallado

Preparamos la levadura: en un vaso de agua templada, echamos la levadura y el azúcar, removemos bien y dejamos reposar durante 15 minutos.

Para hacer la masa: ponemos en un cubo las harinas, la sal, el chorrito de aceite y vamos echando la levadura y amasando hasta conseguir una bola que no se pegue a las manos agregándole más agua templada o harina para conseguirlo. Cuando tengamos la bola la metemos en el cubo la espolvoreamos de harina y la cubrimos para que no le entre la luz, durante una hora. Si hace frío la acercamos a una fuente de calor. Cuando se hinche la extendemos en una superficie enharinada con el rodillo, la colocamos en la bandeja de horno engrasada y la horneamos 10 minutos a 180º.

La sacamos y la untamos con la salsa de tomate, y la cubrimos con los pimientos en tiras, la carne de las berenjenas y las cebolletas en ruedas. Rociamos con aceite, espolvoreamos sal y orégano y lo horneamos 20 minutos. Añadimos el queso y lo dejamos 5 minutos más.

Quiche de espinacas

Ingredientes
para seis personas:
1 lámina de hojaldre fresco
2 huevos
1/2 litro de nata
1/2 k de espinacas
1 cebolla
1 puerro
orégano
queso rallado

Colocamos la masa de hojaldre encima del papel engrasado en una bandeja redonda de horno, le pegamos bien los bordes con un tenedor y pinchamos la base para que respire y no se hinche. Calentamos el horno a 180º y metemos la masa 5 minutos.
Mientras picamos las cebollas y los puerros, hacemos un sofrito. La espinaca la escaldamos y escurrimos bien. En un bol batimos los huevos, añadimos la nata y las espinacas y el sofrito sin caldo, bien escurrido. Lo ligamos todo bien y lo echamos al hojaldre ya horneado. Espolvoreamos orégano y lo introducimos al horno 15 minutos, hasta que cuaje. Le añadimos el queso y 5 minutos más.

Quiche de coliflor

Ingredientes
para seis personas:
1 lámina de hojaldre fresco
2 huevos
1/2 litro de nata
1/2 k de coliflor
1 cebolla
1 puerro
orégano
queso rallado

La masa de hojaldre la ponemos encima del papel engrasado en una bandeja redonda de horno.Le pegamos bien los bordes con un tenedor y pinchamos la base para que respire y no se hinche, calentamos el horno a 180º e introducimos la masa durante 5 minutos.
Mientras picamos las cebollas y los puerros, hacemos un sofrito. La colifror la escaldamos y escurrimos bien. En un bol batimos los huevos, añadimos la nata y la coliflor y el sofrito sin caldo, bien escurrido.Lo ligamos todo bien y lo echamos al hojaldre ya horneado. Espolvoreamos orégano y lo metemos al horno 15 minutos, hasta que cuaje. Le añadimos el queso y lo horneamos 5 minutos más.

Quiche de cebolla y tofu

Para la base:
masa de hojaldre fresca

Ingredientes
para seis personas:
3 cebollas
1 paquete de tofu
aceite
1 cajita de nata de soja

Extendemos la masa de hojaldre en un molde redondo con altura, que previamente habremos untado de aceite y enharinado
Ponemos las cebollas a freír hasta que queden doradas, les añadimos el tofu cortado en trocitos y lo hacemos durante 10 minutos con tamari. Le añadimos la nata y rellenamos el quiche.
Lo horneamos 45 minutos a 180º.

Podemos preparar quiches variadas elaborándolas de la misma forma pero combinando diversas verduras.

Sfija (empanada de pan árabe)

Masa
para seis personas:
3 cazos de harina integral
3 cazos de harina blanca
2 cucharaditas de curry
1 sobre de levadura de panadero
1 cucharadita de azúcar
sal
aceite

Para el relleno:
3 pimientos rojos asados
1 paquete de tofu
2 dientes de ajo
1 ramillete de perejil
salsa de tomate

Poner las harinas y la levadura en un recipiente, que previamente habremos preparado mezclando el sobre de levadura en un vaso de agua templada y la cucharadita de azúcar, dejándolos reposar durante 15 minutos. Mezclamos bien y añadimos el curry, un chorro de aceite y la sal. Amasamos con la levadura hasta conseguir una bola que no se nos pegue a las manos y cuando la tengamos la metemos en el recipiente espolvoreándola de harina. La tapamos con un trapo para que no le entre luz y así la tendremos durante una hora para que se hinche.

Mientras, hacemos el relleno. En una cazuela picamos los dientes de ajo y sofreímos el tofu cortado en tiras finas que maceramos con un chorrito de aceite y un chorrito de tamari. Añadimos los pimientos en tiras, un chorrito de agua y perejil, y dejamos hervir durante 10 minutos. Seguidamente lo dejamos enfriar.

En una superficie enharinada, hacemos un churro con la mitad de la masa y vamos cogiendo pedazos del resto de la masa, hacemos bolas y con el rodillo las estiramos de un lado y del otro para hacer las tortitas. Tienen que quedar finas y del tamaño de un plato de postre.

Las rellenamos y las cerramos como si pusiéramos un pañal, dejándolas en forma de triángulo.

Untamos una bandeja de horno con aceite y vamos dejando la sfija con la abertura boca abajo. Las dejamos reposar durante 15 minutos y, a continuación, las horneamos 20 minutos a 180º.

Las acompañamos de salsa de tomate.

Pastel de verduras

Ingredientes
para cuatro personas:
200 g de harina
1 vaso de aceite
2 cucharadas de azúcar
el zumo de 1 naranja
1 k de espinacas
1 puñado de pasas
1 puñado de sésamo tostado

Se mezcla el aceite con el azúcar y el zumo de naranja, se le va añadiendo harina poco a poco hasta que resulte una pasta lisa, ni muy dura ni muy blanda, se guarda y se hacen bolas que se extienden en forma de disco.
Se hierven las espinacas y, escurridas, se sofríen con las pasas y los piñones salándolo todo.
Se pone una cucharada de relleno en cada disco y se cierran en forma de medias lunas, sellándolas con los dedos. Se dejan cocer al horno a 180º durante 20 minutos.

Empanada de verduras

Masa
para cuatro personas:
2 cazos de harina integral
1 sobre de levadura
agua
sal

Para el relleno:
1 cebolla
1 zanahoria
1 calabacín
1 pimiento verde
otras verduritas

Cortamos las verduras en cachitos y las freímos hasta que estén hechas; añadimos sal.
En un recipiente mezclamos bien la harina y la levadura, le añadimos agua templada con la sal y amasamos hasta conseguir una bola que no se nos pegue en las manos.
La extendemos en un recipiente metálico untado en aceite y espolvoreado con harina para evitar que se nos pegue. Dejamos reposar 15 minutos.
Ponemos las verduras en una parte de la masa y ladoblamos por la mitad para hacer las empanadillas.
Las sellamos retorciendo la masa con las manos y las colocamos en una bandeja de horno untada en aceite. Horneamos de 15 a 20 minutos.

Crêpes de espinaca

Para la masa de la crêpe:

1 huevo
1 cazo de harina de arroz
1 vaso de leche de soja
1 chorro de aceite
sal

Ingredientes *para seis personas:*

1/2 k de espinacas
1 cucharada de harina
1 vaso de leche de soja

Para hacer la crêpe, batimos en un bol y con la varilla, el huevo, la harina, el vaso de leche, el aceite y la sal. Lo batimos bien hasta hacer una masa ligera y lo dejamos reposar una hora en el frigorífico.
Calentamos una sartén y la manchamos con aceite. Cuando esté bien caliente vamos echando la masa con un cazo, lo justo para cubrir la sartén. Hacemos las tortitas por un lado y cuando se despeguen, por el otro, ayudándonos con una espátula de madera; las reservamos.
Escaldamos las espinacas y las escurrimos y en una cazuela ponemos aceite, ajos picaditos, y la harina. cuando absorba el aceite. Echamos la leche templada y las espinacas, lo hacemos durante 10 minutos removiendo la masa para que no se pegue.
Rellenamos las crêpes, las espolvoreamos de queso o tofu rallado y gratinamos 5 minutos.

Polenta de queso gruyère

Ingredientes
para seis personas:
2 cazos de polenta
1,5 litros de agua
100 g de queso gruyère
100 g de queso rallado
1 cucharada de mantequilla
1 pizca de nuez moscada
1 cucharada de aceite
salsa de tomate

Ponemos a hervir el agua y cuando esté lista espolvoreamos la harina removiendo bien para que no se formen grumos. Se añaden la sal, la mantequilla, los quesos y la nuez moscada y lo cocemos durante 20 minutos sin dejar de remover.
Cuando esté como una besamel espesa lo extendemos en una fuente engrasada, procurando que sea honda para que la masa quede con un centímetro de grosor.
Cuando la polenta esté fría se corta en cuadraditos que rebozamos con huevo y harina de maíz. Los freímos en abundante aceite bien caliente y los dejamos sobre un papel absorbente. Acompañamos con salsa de tomate.

Wok de fideos chinos

Ingredientes
para seis personas:

150 g de fideos de arroz
1 calabacín
1 zanahoria
1/2 berza
germinados de soja
200 g de setas
2 cucharaditas de curry
1/2 taza de agua
2 cucharadas de tamari (salsa de soja)
3 dientes de ajo
1/2 cucharadita de pimienta
5 cucharadas de aceite de sésamo
sal

Poner los fideos en un bol, cubrirlos de agua hirviendo y tenerlos 2 minutos. Escurrir y pasarlos por agua fría. Reservar.
Cortar muy finas las verduras, añadir el curry y dejar macerar.
Calentar el wok sin aceite, echar los dientes de ajo picaditos y dorarlos moviendo el wok.
Añadir el aceite y sin bajar el fuego agregar las verduras. Sofreír sin dejar de mover durante 3 minutos.
Añadir los fideos y la salsa que haremos mezclando el agua, la soja, la pimienta y la sal.
Cocer 3 minutos salteando sin parar.

Rollitos primavera

Ingredientes para la crêpe: 1/2 paquete de obleas de arroz

Ingredientes *para cuatro personas:* 1 cebolla tierna, 1/2 corazón de col, 2 champiñones, 1 tallo de apio, 1 diente de ajo, 1 zanahoria rallada, 1 puñado de soja germinada

Remojamos en agua caliente las obleas.
Picamos muy finas todas las verduras y las salteamos en el wok durante 5 minutos a fuego fuerte. Sazonamos con sal o tamari.
Rellenamos las crêpes y las enrollamos bien, cerrando los extremos.
Las freímos sin aceite hasta que se doren.

Wok de arroz basmati, con verduritas al curry

Ingredientes
para cuatro personas:
1 vaso de arroz basmati
2 pimientos verdes
1 pimiento rojo
1 cebolla
1/4 de berza
2 zanahorias
1 cucharada de curry
soja germinada
aceite de sésamo
tamari

Se cuece el arroz en abundante agua durante 45 minutos, se escurre y enfría como la pasta y se reserva. Se cortan las verduras en tiras muy finas y se les añade el curry y un chorrito de tamari. Se deja macerar durante 10 minutos.

Se calienta el wok, se añade el ajo picadito, el chorrito de aceite de sésamo y las verduritas. Salteamos todo durante 5 minutos sin dejar de mover. Se añade el arroz y unas gotas de tamari.

Wok de quinoa con setas y tofu

Ingredientes
para cuatro personas:
1 vaso de quinoa
150 g de setas
germinados de soja
1 paquete de tofu
salsa de soja
curry
aceite de sésamo

Se cuece un vaso de quinoa en dos de agua hirviendo con sal durante 20 minutos a fuego bajo.
Se cortan en tiras muy finas las setas, se especian con una cucharadita de curry y se deja macerar.
Se corta en cuadraditos el tofu y se macera con salsa de soja.
Se calienta el wok, se añaden 6 cucharadas de aceite de sésamo y se echan las setas que salteamos continuamente durante 5 minutos. Añadimos el tofu, reservamos la salsa de soja y salteamos junto con las setas durante 3 minutos.
Añadimos la quinoa y la salsa de tamari, removemos bien el conjunto y añadimos los germinados.

Albóndigas de mijo y tofu

Ingredientes
para cuatro personas:

1 vaso de mijo
2 vasos de agua
1 cebolla
1 paquete de tofu
1 cucharadita de curry
2 dientes de ajo majado
1 ramillete de perejil
sal
aceite de oliva

Se lava 3 ó 4 veces el mijo y se ponen los dos vasos de agua a hervir con sal. Cuando el agua esté lista se añade el mijo y se cuece a fuego lento 20 minutos. Se deja enfriar y en un bol se mezclan la cebolla rallada con el paquete de tofu desmigado, el ajo majado y el perejil picado, un chorrito de aceite, el curry y la sal. A continuación, se amasa bien con las manos hasta que todo ligue bien. Se deja reposar y se hacen las bolas que freiremos en abundante aceite. Se acompaña con salsa de tomate.

Albóndigas de soja

Ingredientes
para seis personas:
200 g de soja texturizada
2 dientes de ajo
1 ramillete de perejil
1 cucharadita de orégano
1 cucharadita de levadura en polvo (biológica)
1 chorrito de agua templada
sal
1/2 cazo de harina integral

Se pone a remojo media hora la soja texturizada en agua. Cuando se hinche, se cuece en su agua durante 10 minutos y se escurre y se deja enfriar.
Una vez fría, mezclar en un bol la soja con la harina, la sal, el orégano, la levadura, el ajo mojado y el perejil bien picado. Se amasa todo bien con las manos y se le va echando agua; se sigue trabajando la masa hasta conseguir unirla bien, agregando agua o harina según la consistencia.
Se deja y se hacen las bolas que freiremos en abundante aceite de girasol.
Se acompaña con salsa de tomate.

Seitán a la naranja

Ingredientes
para cuatro personas:
1 paquete de seitán
1 cebolla
1 zanahoria
200 g de champiñones
150 g de guisantes

Para el aliño:
1 cucharadita de miso
2 naranjas
1 hoja de laurel
sal

Saltear la cebolla con sal y aceite durante 5 minutos. Añadir las zanahorias, los champiñones, el seitán cortado fino, el jugo de las naranjas, la piel de una de ellas rallada, y la hoja de laurel.

Taparlo y cocinarlo a fuego lento durante 30 minutos. Diluir una cucharadita de miso con un poco de salsa de cocido, añadirlo y cocinarlo 3 minutos. Agregar los guisantes cocidos.

Estofado de tofu

Ingredientes
para cuatro personas:
1 paquete de tofu
1 cebolla
1 pimiento verde
1 pimiento rojo asado
1 diente de ajo
3 tomates maduros
1 zanahoria
200 g de champiñones
caldo de verduras
perejil picado
1 hoja de laurel

Cortar las verduras y rehogarlas a fuego fuerte durante 5 minutos, añadir el caldo de verduras y la hoja de laurel, salarlo, llevarlo a ebullición, bajar el fuego y cocer a fuego medio durante 20 minutos.

Pelar el pimiento rojo y cortarlo en tiras, poner aceite y el ajo en una sartén y rehogar los pimientos junto con el tofu cortado en taquitos durante 10 minutos. Incorporarlo al guiso y hervir durante 5 minutos más.

Postres

Milhojas de crêpes

Ingredientes
para seis personas:
10 crêpes de harina de arroz
1 bote de mermelada de arándanos
150 g de queso fresco de tarrina
miel
1/2 litro de nata
coco rallado

En el fondo de un molde, poner una crêpe y napar con mermelada. Cubrir con otra crêpe y napar con queso fresco blanco que previamente habremos batido con la nata para hacer una crema más ligera.

Rociar todo con miel. Continuar así con las restantes crêpes.
La última capa la adornamos con el coco rallado y lo dejamos reposar dos horas en el frigorífico.

Crêpes de queso con miel

Ingredientes
para seis personas:
4 cucharadas de harina de maíz
1 huevo
2 cucharadas de aceite de oliva
1 vaso de leche de soja
sal

Para el relleno:
queso de oveja
miel

En un cuenco batimos el huevo y mezclamos la harina y la leche. Salamos, unimos todo bien para conseguir una crema fina y si es necesario añadimos leche o harina según necesite. Lo metemos al frigorífico.
Ponemos a calentar una sartén pequeña, la pincelamos con aceite y cuando esté bien caliente, cogemos crema con un cazo, cubrimos la sartén y dejamos hacer la torta. Cuando se despegue le damos la vuelta, la dejamos hacer y la reservamos.
Una vez hecha la torta, rellenamos con queso de oveja cortado fino y una pizca de miel. Las enrollamos y las calentamos en la sartén para derretir el queso. Al servir las rociamos con miel.

Pamplemousseux (Mousse de pomelo)

Ingredientes *para cuatro personas:* 2 pomelos rosas, 350 g de queso fresco blando, azúcar, 4 huevos, canela, uvas pasas.

Trocear en dos los pomelos. Exprimir el zumo y conservar la piel para el relleno.
Mezclar el queso fresco con 4 huevos, 4 cucharadas soperas de azúcar, 4 pizcas de canela, uvas pasas y el zumo de pomelo. Batir el conjunto.
Rellenar los pomelos y cocer 30 minutos en el horno a temperatura media. (Aconsejable para el desayuno).

Higos a la Caravanserai

Ingredientes *para cuatro personas:* 1/2 kg de higos frescos, 100 g de pasta de almendra triturada o tahini (mantequilla de sésamo), miel

Realizar un corte en cada higo e introducir un poquito de pasta de almendra o de tahini. Volver a cerrar los higos con los dedos. Poner al horno muy caliente de 10 a 15 minutos. Una vez fuera del horno, napar con miel. Servir caliente si es posible.

Plonc de café de cereales

Ingredientes
para cuatro personas:
125 g harina de arroz
75 g de uvas pasas
50 g de azúcar
1/4 vaso de aceite de sésamo
25 g de café de cereales
levadura de panadero
coco rallado

Mezclar en una ensaladera la harina, el azúcar, las uvas pasas, el aceite, 2 pizcas de levadura, el café de cereales y 3 pizcas de coco rallado.

Amasar como si fuese una masa de pan y dejar reposar durante una hora como mínimo.
En seguida, volver a trabajar la masa y tomar bolas pequeñas que se pondrán a dorar a fuego medio hasta que estén listas.

Pastel de calabaza

Ingredientes
para seis personas:
150 g de calabaza
200 g de harina integral de trigo
4 huevos
125 g de mantequilla o grasa vegetal
100 g de azúcar moreno
2 ó 3 g de cardamomo
3 pizcas de canela
1 pizca de sal
2 pizcas de levadura de panadero
1 ó 2 vasos de leche fría

Rallar la calabaza. Desgranar el cardamomo y aplastar los granos. Poner a cocinar la calabaza con 1/3 de la grasa total con canela y 3 pizcas de azúcar. Después mezclar la harina con los huevos batidos, la grasa, el azúcar, la sal y la levadura desleída con un poco de leche fría. Dejar reposar como mínimo una hora.

Si la masa está demasiado espesa añadir un poco de leche.

Engrasar un molde, preferentemente redondo, con un poco de mantequilla.

Ponerlo a fuego medio (150º, más o menos) durante 90 minutos.

Pastel de plátano

Ingredientes *para seis personas:* 450 g de plátanos maduros machacados, 50 g de nueces picadas, 100 dl. de aceite de girasol, 100 g de pasas, 75 g de copos de avena, 150 g de harina integral, 1/2 cucharada de esencia de almendras, sal.

Se calienta el horno a 190º. En un bol, se mezclan todos los ingredientes con las varillas. La consistencia debe ser suave y húmeda. Se vierte a un molde untado de mantequilla y enharinado, se hornea durante 50 a 60 minutos. Pinchar para saber si está hecho por dentro.

Tarta de frutas

Ingredientes
para cuatro personas:
base empleada para el pastel de plátano
1 kiwi
1/2 naranja
1 huevo
75 g de azúcar moreno
1/4 litro de leche de soja
25 g de harina de maíz

Extender la masa empleada para el pastel de plátano en un molde enharinado y meterlo al horno a 180º durante 15 minutos. Cuando esté dorada, sacarla y reservarla.
Hacer un almíbar con dos cucharadas de agua y 50 g de azúcar y cortar las naranjas en rodajas finas sin quitarles la piel. Cocerlas 5 minutos en el almíbar. Escurrirlas y reservar.
Pelar y cortar los kiwis en rodajas finas.
Batir las yemas de los huevos con el azúcar y la harina de maíz, e incorporar la leche hirviendo. Poner todo a fuego suave hasta que hierva. Cuando se enfríe, cubrir con ella la tarta e ir poniendo las frutas en hilera sobre la tarta.
Cubrirlas con el almíbar sobrante.

Tarta de limón y almendra

Base
para ocho personas:
1 taza de avellanas peladas
2 tazas de harina integral
2 cucharadas de melaza
sal
1/3 de taza de aceite

Para la crema:
2 tazas de agua
1 taza de almendras sin piel
2 cucharadas de melaza
ralladura de un limón
3 cucharadas de kuzú (espesante natural)

Trituramos las avellanas y las mezclamos con los demás ingredientes de la base. Hacemos una bola y la extendemos en un molde enharinado durante 10 minutos al horno a 180º. Trituramos los ingredientes de la crema menos el kuzú, que deshacemos en medio cazo de agua fría, lo añadimos y ponemos a calentar hasta conseguir la crema que extendemos sobre la base. Preparamos almíbar de limón cociendo el zumo de 1 limón, 1/2 vaso de agua y azúcar y se lo untamos por encima.

Tarta de kiwis

Ingredientes
para cuatro personas:
2 cazos de harina integral
2 cucharadas de aceite
1 cucharadita de levadura
2 kiwis
1/2 bote de mermelada de kiwis

Mezclamos la harina, el aceite, la levadura, la sal y un vaso de agua tibia.
Amasamos hasta conseguir que no se nos pegue a las manos y cuando está lista la extendemos en un molde untado y enharinado.
Pelamos y cortamos a ruedas los kiwis y los ponemos a cocer con un poco de agua y una pizca de azúcar. Los hervimos 10 minutos y lo dejamos enfriar.
Cubrimos la base con mermelada de kiwi y colocamos las ruedas alrededor. Reservamos el almíbar y metemos la tarta al horno ya caliente a 180º durante 30 minutos. Al sacar napamos con el almíbar sobrante.

Tarta de manzana

Ingredientes
para cuatro personas:
2 cazos de harina integral
2 cucharadas de aceite
1 cucharadita de levadura
2 manzanas Reinetas
2 cucharadas de concentrado de manzana

Mezclamos la harina, el aceite, la levadura, la sal y un vaso de agua tibia. Amasamos hasta conseguir una pasta elástica y cuando esté bien amasada la alargamos con el rodillo y la extendemos en un molde untado y enharinado. Pelamos y cortamos las manzanas, las ponemos encima y rociamos todo con el concentrado de manzana. La horneamos 45 minutos a 180º.

Otra variante:
Trocear las manzanas, ponerlas en un cazo y echar 3 cucharadas de concentrado de manzana. Ponerlo al fuego hasta que esté blando, echar harina de maíz para engordarlo, cocerlo 10 minutos y batir con la batidora. Rellenar la tarta con esta masa y decorarla con gajos de manzana. Hornear también durante 45 minutos a 180º.

Tarta de fresas

Ingredientes
para cuatro personas:

100 g de harina integral
50 g de almendra en polvo
50 g de mantequilla
40 g de azúcar integral
una pizca de sal
1 yema
25 g de chocolate de algarroba
piel rallada y zumo de limón
1 cucharadita de canela
100 g de mermelada de fresas

Se mezcla a mano el azúcar y la mantequilla reblandecida y se incorporan sin dejar de amasar las almendras en polvo, la piel rallada del limón, la harina, la sal y las yemas. Se añade el chocolate, la canela y el zumo de limón.

Se amasa hasta obtener una masa homogénea y se hace una bola que se deja 1 hora en el frigorífico.

Se unta una tartera con mantequilla y se enharina. Se extiende la pasta, se unta con mermelada y se hornea 1 hora y 15 minutos 180º.

Tarta de zanahorias

Ingredientes
para ocho personas:
270 g de mantequilla
200 g de azúcar
200 g de zanahorias
3 huevos
100 g de almendra pelada
350 g de harina integral
10 g de levadura
1/2 limón
1 chorrito de licor o esencia
1 cucharadita de sal
alga agar-agar

Pelar las zanahorias y rallarlas utilizando los mayores orificios del rallador.
En un bol batir el azúcar con la mantequilla ablandada hasta que ligue, añadir los huevos y batir con las varillas, agregar la harina mezclada con la levadura, batir y sumar las zanahorias y mezclar bien.
Agregar a la masa 200 g de almendras molidas, el licor, la cáscara de limón rallada, la sal y mezclar.
Untar con mantequilla un molde, enharinarlo y meter la masa. Deshacer el alga agar-agar con el zumo de un limón y agua, rallar la zanahoria para cubrir la tarta y añadirle el alga.
Hornear 30 minutos a 140º.

Bizcocho Bego

Ingredientes
para ocho personas:
1 yogur natural de soja
4 huevos
3 cazos de harina de maíz
1 cazo de harina integral
1 sobre de levadura
1 cazo de azúcar moreno
1 cazo de aceite de girasol
1 puñado de pasas
1 puñado de nueces peladas
1 tableta de chocolate de algarroba
250 ml de nata de soja

En un cuenco batimos los huevos con el azúcar, añadimos el yogur, las harinas poco a poco y el aceite y batimos con las varillas para conseguir una crema no muy espesa. Enharinamos las pasas y las nueces y se las agregamos.

En una pudinera, que untamos con mantequilla y enharinamos, echamos la masa. Calentamos el horno y metemos el bizcocho, que tendremos 45 minutos a 180º. Pinchar con un palito para ver si está hecho por dentro. Derretimos la nata con el chocolate y se lo echamos caliente por encima.

Bizcocho de muesli y algarroba

Ingredientes
para cuatro personas:
175 g de harina integral
100 g de azúcar moreno
2 huevos
100 g de mantequilla
1 taza de muesli (pasas, frutos secos)
1 sobre de levadura

Poner el muesli a remojo dos horas antes.
Deshacer la mantequilla y mezclarla con el azúcar y los huevos. Añadir la harina poco a poco y la levadura, escurrir bien el muesli, añadirlo y mezclar bien. En una pudinera untada con mantequilla y enharinada, verter la masa.
Calentar el horno a 190º. Y hornear una hora y media. Pinchar para ver si está hecho por dentro.
Calentar la leche, añadir el cacao y ligar bien, untar el bizcocho cuando esté frío.

Budín de plátano

Ingredientes
para ocho personas:
4 plátanos maduros
1 litro de leche
azúcar moreno
caramelo líquido

En un recipiente batimos con la batidora los plátanos con la leche y dos cucharadas de azúcar.
Hacemos el caramelo deshaciendo cuatro cucharadas de azúcar con dos de agua en una cacerola y llevándolo a ebullición.
Cuando se empiece a poner marrón lo echamos en una pudinera. Lo dejamos enfriar y vertemos el batido de plátano.
Ponemos el horno a calentar y metemos el budín durante 15 minutos a 180º.

Helado de frutos secos "Sabayón"

Ingredientes
para cuatro personas:
25 g de almendras
25 g de pistachos
2 huevos
50 g de azúcar moreno
2 cucharadas de aceite de cacahuete
extracto de almendra dulce
sal
esencia de menta

Enfriar las copas durante una hora en el congelador.
Tostar en el horno las almendras y los pistachos pelados durante 15 minutos a 140º. Después, triturarlos con el rodillo.
Separar las claras de las yemas de los huevos y con las varillas montar las claras a punto de nieve, añadiendo una pizca de sal.
Batir las yemas añadiendo el azúcar, la esencia de menta, un chorrito de extracto de almendra y el aceite de cacahuete. Mezclar delicadamente las claras montadas y las yemas hasta que liguen bien, añadir las almendras y remover suavemente.
Verter el sabayón en las copas de helado y ponerlas en el congelador durante tres horas.
Decorar con los pistachos triturados.

Bolas de sésamo (Túnez)

Ingredientes
para cuatro personas:
250 g de sésamo en grano
5 cl de agua de azahar
50 g de azúcar moreno
50 g de azúcar en polvo
2 naranjas
hojas de hierbabuena

Dorar los granos de sésamo en una sartén, removiéndolos con una espátula de madera, poner los granos en la trituradora y verter el agua de azahar. Triturar todo a gran velocidad, añadir el azúcar moreno y seguir hasta conseguir una masa. Extender la masa en una bandeja y dejarla reposar durante 10 minutos. Rodar la masa entre las manos y hacer bolas pequeñitas. A continuación, untarlas con azúcar. Exprimir las naranjas, poner el zumo en un plato y sobre él las hojas de hierbabuena. Disponer las bolas encima de las hojas.

Batido de ciruelas

Ingredientes
para cuatro personas:
4 ciruelas moradas
1/4 l de leche de avena
1 cucharadita de azúcar
3 cubitos de hielo

Horneamos las ciruelas en una bandeja de horno untada en mantequilla. Para ello, colocamos las ciruelas, las salpicamos con agua y las hacemos a 180º durante 20 minutos.

Las dejamos enfriar y les quitamos el hueso.
En la jarra de la batidora ponemos la leche, las ciruelas asadas, el azúcar y los cubitos de hielo. Batimos el conjunto hasta ligarlo todo bien.

Batido de arándanos

Ingredientes *para dos copas:* 8 arándanos, 200 ml de leche de avena, una cucharada de azúcar, hielo, canela.

Batir todo hasta ligarlo bien y al servir espolvorear con canela.

Batido de coco y lima

Ingredientes *para cuatro copas:* 400 ml de leche de coco, 185 g de yogur natural, 60 ml de zumo de lima, 60 g de azúcar moreno, 8 a 10 cubitos de hielo.

Batir la leche de coco con el yogur, el zumo de lima, el azúcar y los cubitos de hielo hasta ligarlo todo bien.

Batido de plátano

Ingredientes *para cuatro copas:* 750 ml de leche de soja fría, 125 g de tofu suave, 4 plátanos maduros, 1 cucharada de miel, canela en polvo.

Batir todos los ingredientes, ligarlo bien y espolvorear con canela.

Batido de melocotón

Ingredientes *para cuatro copas:* 750 ml de leche de soja fría, 125 g de tofu suave, 4 melocotones maduros, 1 cucharada de miel, canela en polvo.

Batir todos los ingredientes, ligarlo bien y espolvorear con canela.

Melocotones asados

Ingredientes
para cuatro personas:
2 melocotones maduros
1 cucharada de azúcar moreno
25 g de mantequilla
1/2 taza de avellanas trituradas o pistachos
1/2 copita de coñac

Lavar los melocotones y partirlos por la mitad, quitarles el hueso y ponerlos en una bandeja de horno untada en mantequilla. Derretir la mantequilla y añadir el azúcar, las avellanas y el coñac y cocinarlo durante 5 minutos. Rellenar los melocotones e introducirlos en el horno caliente. Hornearlo durante 20 minutos, a 180º.

Natillas

Ingredientes *para seis personas:* 25 g de harina de maíz, azúcar integral (2 cucharadas), 300 cl de leche de soja, 1 vaina de vainilla.

Hervimos la leche de soja con la vainilla y la dejamos templar.
Añadimos los demás ingredientes, los batimos con las varillas y ponemos todo al baño María. Las natillas deben calentarse lentamente sin llegar a hervir.

Pinza de frutas

Ingredientes
para ocho personas:
25 cl de leche de soja
125 g de harina de maíz
5 manzanas
1/2 k de higos verdes
1 pera
50 g de pasas
25 g de mantequilla
175 g de azúcar moreno
1 huevo
1 pizca de semillas de hinojo
75 g de harina de trigo
1 sobre de levadura
4 cl de coñac
sal

En una cazuela templar la leche y 25 cl de agua y sin dejar de batir añadir poco a poco la harina de maíz y tenerla cociendo durante 20 minutos removiendo continuamente hasta obtener la masa. Verterla sobre una fuente y añadir la mantequilla en trozos y el azúcar. Mezclar todo bien.
Pelar las manzanas y las peras, y cortarlas en láminas.

Incorporar la fruta a la masa con los higos cortados por la mitad, el huevo, las pasas, la harina, la levadura, la sal, el hinojo y el coñac. Mezclar bien.
Verter la masa en un molde untado en mantequilla y enharinado. Hornearlo durante una hora y diez minutos a 180º hasta que se dore y esté crujiente.
Se decora con miel y nueces.

Cocas dulces

Ingredientes
para cuatro personas:
1/4 k de harina
1 patatas cocida, pelada y chafada
50 g de azúcar
1/4 vaso de aceite
1 huevo
10 g de levadura
1/2 k de albaricoques o melocotones o ciruelas asadas

Se pone la harina en un recipiente haciendo un agujero donde se echan la levadura, el huevo, la patata y el azúcar. Se amasa con las manos, hasta hacer una bola que no se pegue a las manos y se extiende en una bandeja de horno untada con mantequilla. Se le deja subir en un sitio templado y tapada durante una hora y media. Cuando esté a punto se colocan los albaricoques partidos en trocitos encima de la masa, se espolvorea azúcar y se cuece al horno a 180º durante 45 minutos.
Se puede macerar la fruta con azúcar durante toda la noche o cocinarla al horno, untando la bandeja con mantequilla y salpicando con agua la fruta. Se hornea durante 20 minutos a 180º.

Peras embarradas

Ingredientes *para seis personas:* 1 k de peras, 1 ramita de canela, 1/2 litro de nata, 1 tableta de chocolate (ó 1/2 litro de leche de soja y una tableta de carobela).

Se cuecen las peras enteras con la piel con una ramita de canela. Cuando estén hechas se dejan enfriar. Hacemos el chocolate calentando la nata y el chocolate y removiéndolo con la varilla. Cuando tengamos la crema la rociamos encima de la pera a la hora de servir.

Glosario de cocina

Albahaca
Planta de fuerte olor aromático. Se utiliza sobre todo para dar sabor a las comidas.

Alga kombu
Su uso durante el proceso de cocción de las legumgres facilita la absorción de los nutrientes y ayuda a digerirlas. Además, su consumo diario supone un importante aporte de minerales.

Azukis
Clase de legumbre, pequeña y de color rojizo, originaria de China. Tiene un alto contenido en carbohidratos de muy fácil asimilación así como propiedades tonificantes para los riñones. Es diurética y de sabor dulzón.

Batir
Mover y remover alguna sustancia para que se condense o trabe, o para que se licue o disuelva.

Canela
Corteza de las ramas del canelo de color rojo amarillento y muy aromática, que desecada se emplea como condimento.

Clavo
Condimento aromático de sabor picante que se obtiene de la flor del árbol del mismo nombre.

Comino
Planta originaria del Próximo Oriente, su semilla tiene olor aromático y se utiliza en medicina y como condimento en las comidas.

Cúrcuma
Planta procedente de la India cuya raíz se parece al jengibre, huele como él y es algo amarga. Se emplea como condimento en las comidas.

Curry
Condimento de la India compuesto por una mezcla de especias como el jengibre, el clavo, el azafrán, el cilantro, la canela y así hasta un centenar. Es muy aromático y sirve para condimentar los platos.

Cuscús
Plato de origen árabe que se elabora a base de sémola de trigo y se puede acompañar de verduras y legumbres.

Levadura
Masa constituida principalmente por microorganismos capaces de hacer fermentar el cuerpo con el que se mezcla. Entre las levaduras, se encuentran la levadura de panadero y la integral.

Emplatar
Colocar los elementos con orden y de forma estética en la fuente o en el plato para servir.

Escaldar
Introducir un producto en agua hirviendo y mantenerlo en él por muy poco tiempo. A continuación se pasa por agua fría para evitar la cocción.

Escurrir
Hacer que una cosa empapada de un líquido, sea agua o aceite, despida la parte que quedaba detenida.

Juliana
Forma de cortar en tiras finas la verdura. Incluso da nombre a una sopa hecha con diferentes clases de verdura.

Ligar
Mezclar diversas sustancias hasta formar una masa homogénea.

Macerar
Sumergir los alimentos en un líquido o en especias a temperatura ambiente.

Majar
Machacar algo hasta aplastarlo.

Mijo
Cereal pequeño, redondo, brillante y de color blanco amarillento, proveniente de la familia de las gramíneas.

Napar
Recubrir con salsa un alimento o plato que ya está listo para ser servido.

Nuez moscada
Se emplea como condimento y para sacar el aceite que contiene en abundancia.

Orégano
Planta aromática, cuyas hojas y flores se usan como tónicas y en condimentos.

Pelar
Mondar o quitar la piel o la corteza.

Pochar
Cocer un producto a fuego lento sin llegar a su máxima cocción.

Polenta
Sémola de maíz precocinada.

Quinoa
Antiguo cereal, también denominado el arroz de los incas.

Reservar
Guardar algo para emplear más tarde en una posterior elaboración.

Saltear
Sofreír un alimento a fuego vivo en manteca o aceite hirviendo, con objeto de que se doren rápidamente por el exterior y no se hagan del todo.
Hacer algo discontinuamente sin seguir el orden natural, o saltando y dejando sin hacer parte de ello.

Seitán
Gluten de trigo, rico en proteínas de origen vegetal. Gran reconstituyente y de fácil digestión. Se utiliza como fuente de proteína en cualquier plato en el que se utilizara carne animal.

Sésamo
Estas semillas, increíblemente nutritivas y muy ricas en calcio, han sido un alimento importante desde la Prehistoria. Hay numerosas variedades de semillas de sésamo. Las más empleadas suelen ser de color marrón claro, aunque también se pueden encontrar de color negro.

Sofreír
Freír ligeramente sin llegar a su máxima cocción.

Soja
Planta leguminosa originaria de Extremo Oriente, es muy apreciada por el contenido en grasas y proteínas de su semilla, de la que se obtienen múltiples productos, como la soja texturizada, la soja germinada, la leche de soja, la nata de soja, además del tofu.

Sudar
1.Hacer destilar algunas gotas de su jugo.
2.Cocinar un alimento en una materia grasa, a fuego lento y tapado, de forma que no adquiera color.

Tahini
Pasta espesa, cremosa y aceitosa derivada de las semillas del sésamo. Se pueden encontrar dos variantes: una más oscura, en la que las semillas no han sido tostadas y que contiene sal; y otra clara, con las semillas sin tostar y sin sal.

Tofu
Derivado de la soja amarilla, de sabor delicado y textura cremosa y ligera. Podemos encontrar muchas variedades en el mercado: fresco, ahumado, macerado, a las finas hiervas, etc. El tofu fresco necesita cocinarse para poder asimilar su contenido protéico.

Tamari
Salsa de soja fermentada con sal.

Wok

Sartén de origen chino.

Índice

Agradecimientos

Gracias a este libro he tenido la oportunidad de dar a conocer mi trabajo como cocinera en el restaurante Garraxi de Egia, en Donostia, trabajo que realizo en colaboración con mi equipo de cocina. Sin ellas no hubiera sido posible este libro.
Especialmente gracias a **Paki Caballero**, por el esfuerzo que ha hecho y por su ayuda incondicional, de gran valor para mí.
A **Bego Burgueño**, por estar conmigo desde el principio. Esta aventura no hubiera sido posible sin ella.
A mis jefes, **Gorka Markaida**, **Luis Aparicio** e **Idoia García**, por la libertad que me conceden en mi trabajo, lo que me da fuerza y ganas para seguir aprendiendo.
A **Iñaki Moral**, que ha tenido que fregar vajilla tan delicada y sin romper nada.
A **Naiara López de Parra**, que siendo camarera, ha tenido que correr más de la cuenta.
A los **clientes** del restaurante, puesto que desde que abrimos el comedor hasta el día de hoy ha sido un largo aprendizaje y ellos siempre han agradecido nuestro trabajo, incluso en los días malos.
A los amigos del barrio: A **Iban Pérez**, por cedernos el local para poder llevar a cabo las sesiones fotográficas. Al **Beti Boga**, por abrir un espacio alternativo en Donostia. A **Miguel** de Disfruta y a **TeMaskal** por sacarme de apuros.
A la editorial **Ttarttalo** por darme la oportunidad de hacer algo así.
Al fotógrafo **Juantxo Egaña**, a la estilitista **Mariu Emilias** y a su ayudante, **Maitane Iza**, por haber hecho un trabajo tan bonito y del que me siento tan orgullosa.
A **Porcelanas Bidasoa** por habernos cedido la vajilla.

Por el esfuerzo que nos ha supuesto a tod@s, y por los momentos difíciles os doy a tod@s las gracias de corazón.

Vuestra amiga,
Karmen